AF439017

BIBLIOTHÈQUE
DES CHEMINS DE FER

TROISIÈME SÉRIE

LITTÉRATURE FRANÇAISE

Imprimerie de Ch. Lahure (ancienne maison Crapelet)
rue de Vaugirard, 9, près de l'Odéon.

LA BOURSE

PAR

H. DE BALZAC

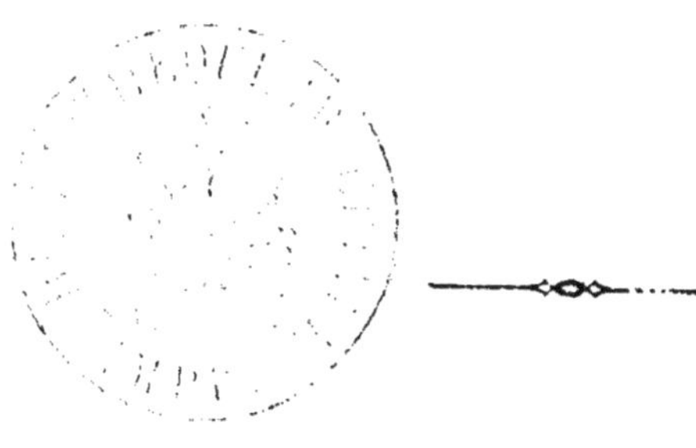

PARIS

LIBRAIRIE DE L. HACHETTE ET Cie

RUE PIERRE-SARRAZIN, N° 14

1853

A SOFKA.

N'avez-vous pas remarqué, mademoiselle, qu'en mettant deux figures en adoration aux côtés d'une belle sainte, les peintres ou les sculpteurs du moyen âge n'ont jamais manqué de leur imprimer une ressemblance filiale? En voyant votre nom parmi ceux qui me sont chers et sous la protection desquels je place mes œuvres, souvenez-vous de cette touchante harmonie, et vous trouverez ici moins un hommage que l'expression de l'affection fraternelle que vous a vouée

Votre serviteur,

DE BALZAC.

LA BOURSE.

Il est pour les âmes faciles à s'épanouir une heure délicieuse, qui survient au moment où la nuit n'est pas encore et où le jour n'est plus, la lueur crépusculaire jette alors ses teintes molles ou ses reflets bizarres sur tous les objets, et favorise une rêverie qui se marie vaguement aux jeux de la lumière et de l'ombre. Le silence qui règne presque toujours en cet instant le rend plus particulièrement cher aux artistes qui se recueillent, se mettent à quelques pas de leurs œuvres auxquelles ils ne peuvent plus travailler, et les jugent en s'enivrant du sujet, dont le sens intime éclate alors aux yeux intérieurs du génie. Celui qui n'est pas demeuré pensif près d'un ami pendant ce moment de songes poétiques en comprendra difficilement les indicibles bénéfices. A la faveur du clair-obscur, les ruses matérielles employées par l'art pour faire croire à des réalités disparaissent entièrement. S'il s'agit d'un tableau, les personnages qu'il représente semblent et parler et marcher : l'ombre devient ombre, le jour devient jour, la chair est vivante, les yeux remuent, le sang coule dans les veines et les étoffes chatoient. L'imagination aide au naturel de chaque détail et ne voit plus que les beautés de l'œuvre. A cette heure, l'illusion règne despotiquement : peut-être se lève-t-elle avec la nuit! l'illusion n'est-elle pas pour la pensée une espèce de nuit que nous meublons de songes? L'illusion déploie alors ses ailes, elle emporte l'âme dans le monde des fantaisies, monde fertile en voluptueux caprices et où l'artiste oublie le monde positif, la veille et le lendemain, l'avenir, tout jusqu'à ses misères, les bonnes comme les mauvaises.

A cette heure de magie, un jeune peintre, homme de talent, et qui dans l'art ne voyait que l'art même, était monté sur la double échelle qui lui servait à peindre une grande, une haute toile presque terminée. Là, se critiquant, s'admirant avec bonne foi, nageant au cours de ses pensées, il s'abîmait dans une de ces méditations qui ravissent l'âme et la grandissent, la caressent et la consolent. Sa rêverie dura longtemps sans doute. La nuit vint. Soit qu'il voulût descendre de son échelle, soit qu'il eût fait un mouvement imprudent en se croyant sur le plancher, l'événement ne lui permit pas d'avoir un souvenir exact des causes de son accident, il tomba, sa tête porta sur un tabouret, il perdit connaissance et resta sans mouvement pendant un laps de temps dont la durée lui fut inconnue. Une douce voix le tira de l'espèce d'engourdissement dans lequel il était plongé. Lorsqu'il ouvrit les yeux, la vue d'une vive lumière les lui fit refermer promptement; mais, à travers le voile qui enveloppait ses sens, il entendit le chuchotement de deux femmes, et sentit deux jeunes, deux timides mains entre lesquelles reposait sa tête. Il reprit bientôt connaissance et put apercevoir, à la lueur d'une de ces vieilles lampes dites *à double courant d'air*, la plus délicieuse tête de jeune fille qu'il eût jamais vue, une de ces têtes qui souvent passent pour un caprice du pinceau, mais qui tout à coup réalisa pour lui les théories de ce beau idéal que se crée chaque artiste et d'où procède son talent. Le visage de l'inconnue appartenait, pour ainsi dire, au type fin et délicat de l'école de Prudhon, et possédait aussi cette poésie que Girodet donnait à ses figures fantastiques. La fraîcheur des tempes, la régularité des sourcils, la pureté des lignes, la virginité fortement empreinte dans tous les traits de cette physionomie faisaient de la jeune fille une création accomplie. La taille était souple et mince, les formes étaient frêles. Ses vêtements, quoique simples et propres, n'annonçaient ni fortune ni misère. En reprenant possession de lui-même, le peintre exprima son admiration par un regard de surprise, et balbutia de confus remerciments. Il trouva son front pressé par un mouchoir, et reconnut, malgré l'odeur particulière aux ateliers, la senteur forte de l'éther, sans doute employé pour le retirer de son évanouissement. Puis il finit par voir une vieille femme qui ressemblait aux marquises de l'ancien régime, et qui tenait la lampe en donnant des conseils à la jeune inconnue.

« Monsieur, répondit la jeune fille à l'une des demandes faites par le peintre pendant le moment où il était encore en proie à tout le vague que la chute avait produit dans ses idées, ma mère et moi nous avons entendu le bruit de votre corps sur le plancher, nous avons cru distinguer un gémissement. Le silence qui a succédé à la chute nous a effrayées, et nous nous sommes empressées de monter. En trouvant la clef sur la porte, nous nous sommes heureusement permis d'entrer, et nous vous avons aperçu étendu par terre, sans mouvement. Ma mère a été chercher tout ce qu'il fallait pour faire une compresse et vous ranimer. Vous êtes blessé au front, là, sentez-vous?

— Oui, maintenant, dit-il.

— Oh! cela ne sera rien, reprit la vieille mère. Votre tête a, par bonheur, porté sur ce mannequin.

— Je me sens infiniment mieux, répondit le peintre, je n'ai plus besoin que d'une voiture pour retourner chez moi. La portière ira m'en chercher une. »

Il voulut réitérer ses remercîments aux deux inconnues; mais, à chaque phrase, la vieille dame l'interrompait en disant : « Demain, monsieur, ayez bien soin de mettre des sangsues ou de vous faire saigner, buvez quelques tasses de vulnéraire, soignez-vous, les chutes sont dangereuses. »

La jeune fille regardait à la dérobée le peintre et les tableaux de l'atelier. Sa contenance et ses regards révélaient une décence parfaite; sa curiosité ressemblait à de la distraction, et ses yeux paraissaient exprimer cet intérêt que les femmes portent, avec une spontanéité pleine de grâce, à tout ce qui est malheur en nous. Les deux inconnues semblaient oublier les œuvres du peintre en présence du peintre souffrant. Lorsqu'il les eut rassurées sur sa situation, elles sortirent avec une sollicitude également dénuée d'emphase et de familiarité, sans lui faire de questions indiscrètes, ni sans chercher à lui inspirer le désir de les connaître. Leurs actions furent marquées au coin d'un naturel exquis et du bon goût. Leurs manières nobles et simples produisirent d'abord peu d'effet sur le peintre; mais plus tard, lorsqu'il se souvint de toutes les circonstances de cet événement, il en fut vivement frappé. En arrivant à l'étage au-dessus duquel était situé l'atelier du peintre, la vieille femme s'écria

doucement : « Adélaïde, tu as laissé la porte ouverte.

— C'était pour me secourir, répondit le peintre
avec un sourire de reconnaissance.

— Ma mère, vous êtes descendue tout à l'heure,
répliqua la jeune fille en rougissant.

— Voulez-vous que nous vous accompagnions
jusqu'en bas? dit la mère au peintre. L'escalier est
sombre.

— Je vous remercie, madame, je suis bien
mieux.

— Tenez bien la rampe! »

Les deux femmes restèrent sur le palier pour
éclairer le jeune homme en écoutant le bruit de
ses pas.

Afin de faire comprendre tout ce que cette
scène pouvait avoir de piquant et d'inattendu pour
le peintre, il faut ajouter que, depuis quelques
jours seulement, il avait installé son atelier dans
les combles de cette maison, sise à l'endroit le
plus obscur, partant le plus boueux de la rue de
Suresne, presque devant l'église de la Madeleine,
à deux pas de son appartement, qui se trouvait
rue des Champs-Élysées. La célébrité que son
talent lui avait acquise ayant fait de lui l'un des
artistes les plus chers à la France, il commençait à
ne plus connaître le besoin, et jouissait, selon son
expression, de ses dernières misères. Au lieu d'al-

ler travailler dans un de ces ateliers situés près des barrières et dont le loyer modique était jadis en rapport avec la modestie de ses gains, il avait satisfait à un désir qui renaissait tous les jours, en s'évitant une longue course et la perte d'un temps devenu pour lui plus précieux que jamais. Personne au monde n'eût inspiré autant d'intérêt qu'Hippolyte Schinner, s'il eût consenti à se faire connaître; mais il ne confiait pas légèrement les secrets de sa vie. Il était l'idole d'une mère pauvre, qui l'avait élevé au prix des plus dures privations. Mlle Schinner, fille d'un fermier alsacien, n'avait jamais été mariée. Son âme tendre fut jadis cruellement froissée par un homme riche qui ne se piquait pas d'une grande délicatesse en amour. Le jour où, jeune fille et dans tout l'éclat de sa beauté, dans toute la gloire de sa vie, elle subit, aux dépens de son cœur et de ses belles illusions, ce désenchantement qui nous atteint si lentement et si vite, car nous voulons croire le plus tard possible au mal et il nous semble toujours venu trop promptement, ce jour fut tout un siècle de réflexions, et ce fut aussi le jour des pensées religieuses et de la résignation. Elle refusa les aumônes de celui qui l'avait trompée, renonça au monde et se fit une gloire de sa faute. Elle se donna toute à l'amour maternel en lui demandant, pour les jouissances sociales auxquelles elle disait adieu, toutes ses délices. Elle vécut de son travail, en accumulant un trésor dans son fils. Aussi plus tard, un jour, une heure lui paya-t-elle les longs et lents sacrifices de son indigence. A la dernière exposition, son fils avait reçu la croix de la Légion d'honneur. Les journaux, unanimes en faveur d'un talent ignoré, retentissaient encore de louanges sincères. Les artistes eux-mêmes reconnaissaient Schinner pour un maître, et les marchands couvraient d'or ses tableaux. A vingt-cinq ans, Hippolyte Schinner, auquel sa mère avait transmis son âme de femme, avait, mieux que jamais, compris sa situation dans le monde. Voulant rendre à sa mère les jouissances dont la société l'avait privée pendant si longtemps, il vivait pour elle, espérant, à force de gloire et de fortune, la voir un jour heureuse, riche, considérée, entourée d'hommes célèbres. Schinner avait donc choisi ses amis parmi les hommes les plus honorables et les plus distingués. Difficile dans le choix de ses relations, il voulait encore élever sa position, que son talent faisait déjà si haute. En le forçant à demeurer dans la solitude, cette mère des grandes pensées, le travail, auquel il s'était voué dès sa jeunesse, l'avait laissé dans les belles croyances qui décorent les premiers jours de la vie. Son âme adolescente ne méconnaissait aucune des mille pudeurs qui font du jeune homme un être à part dont le cœur abonde en félicités, en poésies, en espérances vierges, faibles aux yeux des gens blasés, mais profondes parce qu'elles sont simples. Il avait été doué de ces manières douces et polies qui vont si bien à l'âme et séduisent ceux même par qui elles ne sont pas comprises. Il était bien fait. Sa voix, qui partait du cœur, y remuait chez les autres des sentiments nobles, et témoignait d'une modestie vraie par une certaine candeur dans l'accent. En le voyant, on se sentait porté vers lui par une de ces attractions morales que les savants ne savent heureusement pas encore analyser; ils y trouveraient quelque phénomène de galvanisme ou le jeu de je ne sais quel fluide, et formuleraient nos sentiments par des proportions d'oxygène et d'électricité. Ces détails feront peut-être comprendre aux gens hardis par caractère et aux hommes bien cravatés pourquoi, pendant l'absence du portier, qu'il avait envoyé chercher une voiture au bout de la rue de la Madeleine, Hippolyte Schinner ne fit à la portière aucune question sur les deux personnes dont le bon cœur s'était dévoilé pour lui. Mais, quoiqu'il répondît par oui et non aux demandes, naturelles en semblable occurrence, qui lui furent faites par cette femme sur son accident et sur l'intervention officieuse des locataires qui occupaient le quatrième étage, il ne put l'empêcher d'obéir à l'instinct des portiers : elle lui parla des deux inconnues selon les intérêts de sa

politique et d'après les jugements souterrains de la
loge.

« Ah ! dit-elle, c'est sans doute Mlle Leseigneur
et sa mère qui demeurent ici depuis quatre ans.
Nous ne savons pas encore ce que font ces dames ;
le matin, jusqu'à midi seulement, une vieille femme
de ménage à moitié sourde, et qui ne parle pas
plus qu'un mur, vient les servir ; le soir, deux ou
trois vieux messieurs, décorés comme vous, monsieur, dont l'un a un équipage, des domestiques,
et à qui l'on donne soixante mille livres de rente,
arrivent chez elles, et restent souvent très-tard.
C'est d'ailleurs des locataires bien tranquilles,
comme vous, monsieur ; et puis, c'est économe,
ça vit de rien ; aussitôt qu'il arrive une lettre, elles
la payent. C'est drôle, monsieur, la mère se
nomme autrement que sa fille. Ah ! quand elles
vont aux Tuileries, mademoiselle est bien flam-
bante, et ne sort pas de fois qu'elle ne soit suivie de jeunes gens auxquels elle ferme la porte
au nez, et elle fait bien. Le propriétaire ne souf-
frirait pas.... »

La voiture était arrivée. Hippolyte n'en entendit
pas davantage et revint chez lui. Sa mère, à laquelle il raconta son aventure, pansa de nouveau
sa blessure, et ne lui permit pas de retourner le
lendemain à son atelier. Consultation faite, diverses prescriptions furent ordonnées, et Hippo-

lyte resta trois jours au logis. Pendant cette réclusion, son imagination inoccupée lui rappela
vivement, et comme par fragments, les détails de
la scène qui suivit son évanouissement. Le profil
de la jeune fille tranchait fortement sur les té-
nèbres de sa vision intérieure : il revoyait le visage flétri de la mère ou sentait encore les mains
d'Adélaïde ; il retrouvait un geste qui l'avait peu
frappé d'abord, mais dont les grâces exquises furent mises en relief par le souvenir ; puis une attitude ou les sons d'une voix mélodieuse, embellis
par le lointain de la mémoire, reparaissaient tout
à coup, comme ces objets qui, plongés au fond des
eaux, reviennent à la surface. Aussi, le jour où il
put reprendre ses travaux, retourna-t-il de bonne
heure à son atelier ; mais la visite qu'il avait in-
contestablement le droit de faire à ses voisines fut
la véritable cause de son empressement : il oubliait
déjà ses tableaux commencés. Au moment où une
passion brise ses langes, il se rencontre des plai-
sirs inexplicables, que comprennent ceux qui ont
aimé. Ainsi quelques personnes sauront pourquoi
le peintre monta lentement les marches du quatrième étage, et seront dans le secret des pulsa-
tions qui se succédèrent rapidement dans son
cœur au moment où il vit la porte brune du modeste appartement habité par Mlle Leseigneur.
Cette fille, qui ne portait pas le nom de sa mère,

avait éveillé mille sympathies chez le jeune peintre ; il voulait voir entre elle et lui quelques similitudes de position, et la dotait des malheurs de sa propre origine. Tout en travaillant, Hippolyte se livra fort complaisamment à des pensées d'amour, et fit beaucoup de bruit pour obliger les deux dames à s'occuper de lui comme il s'occupait d'elles. Il resta très-tard à son atelier, et y dîna ; puis, vers sept heures, descendit chez ses voisines.

Aucun peintre de mœurs n'a osé nous initier, par pudeur peut-être, aux intérieurs vraiment curieux de certaines existences parisiennes, au secret de ces habitations d'où sortent de si fraîches, de si élégantes toilettes, des femmes si brillantes, qui, riches au dehors, laissent voir partout chez elles les signes d'une fortune équivoque. Si la peinture est ici trop franchement dessinée, si vous y trouvez des longueurs, n'en accusez pas la description qui fait, pour ainsi dire, corps avec l'histoire, car l'aspect de l'appartement habité par ses deux voisines influa beaucoup sur les sentiments et sur les espérances d'Hippolyte Schinner.

La maison appartenait à l'un de ces propriétaires chez lesquels préexiste une horreur profonde pour les réparations et pour les embellissements, un de ces hommes qui considèrent leur position de propriétaire parisien comme un état.

Dans la grande chaîne des espèces morales, ces gens tiennent le milieu entre l'avare et l'usurier. Optimistes par calcul, ils sont tous fidèles au *statu quo* de l'Autriche. Si vous parlez de déranger un placard ou une porte, de pratiquer la plus nécessaire des ventouses, leurs yeux brillent, leur bile s'émeut, ils se cabrent comme des chevaux effrayés. Quand le vent a renversé quelques faîteaux de leurs cheminées, ils sont malades, et se privent d'aller au Gymnase ou à la Porte-Saint-Martin pour cause de réparations. Hippolyte, qui, à propos de certains embellissements à faire dans son atelier, avait eu *gratis* la représentation d'une scène comique avec le sieur Molineux, ne s'étonna pas des tons noirs et gras, des teintes huileuses, des taches et autres accessoires assez désagréables qui décoraient les boiseries. Ces stigmates de misère ne sont point d'ailleurs sans poésie aux yeux d'un artiste.

Mlle Leseigneur vint elle-même ouvrir la porte. En reconnaissant le jeune peintre, elle le salua ; puis, en même temps, avec cette dextérité parisienne et cette présence d'esprit que la fierté donne, elle se retourna pour fermer la porte d'une cloison vitrée à travers laquelle Hippolyte aurait pu entrevoir quelques linges étendus sur des cordes au-dessus des fourneaux économiques, un vieux lit de sangle, la braise, le charbon, les fers à repasser, la fontaine filtrante, la vaisselle et tous les ustensiles particuliers aux petits ménages. Des rideaux de mousseline assez propres cachaient soigneusement ce *capharnaüm* (mot en usage pour désigner familièrement ces espèces de laboratoires), mal éclairé d'ailleurs par des jours de souffrance pris sur une cour voisine. Avec le rapide coup d'œil des artistes, Hippolyte vit la destination, les meubles, l'ensemble et l'état de cette première pièce coupée en deux. La partie honorable, qui servait à la fois d'antichambre et de salle à manger, était tendue d'un vieux papier de couleur aurore, à bordure veloutée, sans doute fabriqué par Réveillon, et dont les trous ou les taches avaient été soigneusement dissimulés sous des pains à cacheter. Des estampes représentant les batailles d'Alexandre par Lebrun, mais à cadres dédorés, garnissaient symétriquement les murs. Au milieu de cette pièce était une table d'acajou massif, vieille de formes et à bords usés. Un petit poêle, dont le tuyau droit et sans coude s'apercevait à peine, se trouvait devant la cheminée, dont l'âtre contenait une armoire. Par un contraste bizarre, les chaises offraient quelques vestiges d'une splendeur passée : elles étaient en acajou sculpté; mais le maroquin rouge du siége, les clous dorés et les cannetilles montraient des cicatrices aussi nombreuses que celles des vieux sergents de la garde impériale. Cette pièce servait

de musée à certaines choses qui ne se rencontrent
que dans ces sortes de ménages amphibies, objets
innommés participant à la fois du luxe et de la misère. Entre autres curiosités, Hippolyte remarqua
une longue-vue magnifiquement ornée, suspendue
au-dessus de la petite glace verdâtre qui décorait la
cheminée. Pour appareiller cet étrange mobilier, il
y avait entre la cheminée et la cloison un mauvais
buffet peint en acajou, celui de tous les bois qu'on
réussit le moins à simuler. Mais le carreau rouge
et glissant, mais les méchants petits tapis placés
devant les chaises, mais les meubles, tout reluisait
de cette propreté frotteuse qui prête un faux lustre
aux vieilleries en accusant encore mieux leurs dé-
fectuosités, leur âge et leurs longs services. Il ré-
gnait dans cette pièce une senteur indéfinissable,
résultant des exhalaisons du capharnaüm mêlées
aux vapeurs de la salle à manger et à celles de
l'escalier, quoique la fenêtre fût entr'ouverte et
que l'air de la rue agitât les rideaux de percale,
soigneusement étendus de manière à cacher l'embrasure, où les précédents locataires avaient signé
leur présence par diverses incrustations, espèces
de fresques domestiques. Adélaïde ouvrit prompt-
tement la porte de l'autre chambre, où elle intro-
duisit le peintre avec un certain plaisir. Hippolyte,
qui jadis avait vu chez sa mère les mêmes signes
d'indigence, les remarqua avec la singulière viva-

cité d'impression qui caractérise les premières ac-
quisitions de notre mémoire, et entra mieux que
tout autre ne l'aurait fait dans les détails de cette
existence. En reconnaissant les choses de sa vie
d'enfance, ce bon jeune homme n'eut ni mépris
de ce malheur caché, ni orgueil du luxe qu'il venait de conquérir pour sa mère.

« Eh bien, monsieur, j'espère que vous ne vous
sentez plus de votre chute? lui dit la vieille mère
en se levant d'une antique bergère placée au
coin de la cheminée et en lui présentant un fauteuil.

— Non, madame. Je viens vous remercier des
bons soins que vous m'avez donnés, et surtout
mademoiselle, qui m'a entendu tomber. »

En disant cette phrase, empreinte de l'adorable
stupidité que donnent à l'âme les premiers trou-
bles de l'amour vrai, Hippolyte regardait la jeune
fille. Adélaïde allumait la lampe à double courant
d'air, sans doute pour faire disparaître une chan-
delle contenue dans un grand martinet de cuivre et
ornée de quelques cannelures saillantes par un
coulage extraordinaire. Elle salua légèrement, alla
mettre le martinet dans l'antichambre, revint placer
la lampe sur la cheminée et s'assit près de sa mère,
un peu en arrière du peintre, afin de pouvoir le
regarder à son aise en paraissant très-occupée du
début de la lampe, dont la lumière, saisie par l'hu-

midité d'un verre terni, pétillait en se débattant avec une mèche noire et mal coupée. En voyant la grande glace qui ornait la cheminée, Hippolyte y jeta promptement les yeux pour admirer Adélaïde. La petite ruse de la jeune fille ne servit donc qu'à les embarrasser tous deux. En causant avec Mme Leseigneur, car Hippolyte lui donna ce nom à tout hasard, il examina le salon, mais décemment et à la dérobée. On voyait à peine les figures égyptiennes des chenets en fer dans un foyer plein de cendres où deux tisons essayaient de se rejoindre devant une fausse bûche en terre cuite enterrée aussi soigneusement que peut l'être le trésor d'un avare. Un vieux tapis d'Aubusson, bien raccommodé, bien passé, usé comme l'habit d'un invalide, ne couvrait pas tout le carreau, dont la froideur se faisait sentir aux pieds. Les murs avaient pour ornement un papier rougeâtre, figurant une étoffe en lampas à dessins jaunes. Au milieu de la paroi opposée à celle des fenêtres, le peintre vit une fente et les cassures produites dans le papier par les portes d'une alcôve où Mme Leseigneur couchait sans doute, et qu'un canapé placé devant déguisait. En face de la cheminée, au-dessus d'une commode en acajou, dont les ornements ne manquaient ni de richesse ni de goût, se trouvait le portrait d'un militaire de haut grade, que le peu de lumière ne permit pas au peintre de distinguer, mais d'après le peu qu'il en vit, il pensa que cette effroyable croûte avait été peinte en Chine. Aux fenêtres, des rideaux en soie rouge étaient décolorés comme le meuble en tapisserie jaune et rouge de ce salon à deux fins. Sur le marbre de la commode, un précieux plateau de malachite supportait une douzaine de tasses à café magnifiques de peinture, et sans doute faites à Sèvres. Sur la cheminée s'élevait l'éternelle pendule de l'empire, un guerrier guidant les quatre chevaux d'un char dont la roue porte à chaque raie le chiffre d'une heure. Les bougies des flambeaux étaient jaunies par la fumée, et à chaque coin du chambranle on voyait un vase en porcelaine couronné de fleurs artificielles pleines de poussière et garnies de mousse. Au milieu de la pièce, Hippolyte remarqua une table de jeu dressée et des cartes neuves. Pour un observateur, il y avait je ne sais quoi de désolant dans le spectacle de cette misère fardée comme une vieille femme qui veut faire mentir son visage. A ce spectacle, tout homme de bon sens se serait proposé secrètement et tout d'abord cette espèce de dilemme : ou ces deux femmes sont la probité même, ou elles vivent d'intrigues et de jeu. Mais en voyant Adélaïde, un jeune homme aussi pur que Schinner devait croire à l'innocence la plus parfaite, et prêter aux incohérences de ce mobilier les plus honorables causes.

« Ma fille, dit la vieille dame à la jeune personne, j'ai froid, faites-nous un peu de feu, et donnez-moi mon châle. »

Adélaïde alla dans une chambre contiguë au salon, où sans doute elle couchait, et revint en apportant à sa mère un châle de cachemire qui, neuf, dut avoir un grand prix : les dessins étaient indiens; mais vieux, sans fraîcheur et plein de reprises, il s'harmoniait avec les meubles. Mme Leseigneur s'en enveloppa très-artistement et avec l'adresse d'une vieille femme qui voulait faire croire à la vérité de ses paroles. La jeune fille courut lestement au capharnaüm, et reparut avec une poignée de menu bois qu'elle jeta bravement dans le feu pour le rallumer.

Il serait assez difficile de traduire la conversation qui eut lieu entre ces trois personnes. Guidé par le tact que donnent presque toujours les malheurs éprouvés dès l'enfance, Hippolyte n'osait se permettre la moindre observation relative à la position de ses voisines, en voyant autour de lui les symptômes d'une gêne si mal déguisée. La plus simple question eût été indiscrète et ne devait être faite que par une amitié déjà vieille. Néanmoins le peintre était profondément préoccupé de cette misère cachée, son âme généreuse en souffrait; mais sachant ce que toute espèce de pitié, même la plus amie, peut avoir d'offensif, il se trouvait mal à l'aise du désaccord qui existait entre ses pensées et ses paroles. Les deux dames parlèrent d'abord de peinture, car les femmes devinent très-bien les secrets embarras que cause une première visite; elles les éprouvent peut-être, et la nature de leuresprit leur fournit mille ressources pour les faire cesser. En interrogeant le jeune homme sur les procédés matériels de son art, sur ses études, Adélaïde et sa mère surent l'enhardir à causer. Les riens indéfinissables de leur conversation animée de bienveillance amenèrent tout naturellement Hippolyte à lancer des remarques ou des réflexions qui peignirent la nature de ses mœurs et de son âme. Les chagrins avaient prématurément flétri le visage de la vieille dame, sans doute belle autrefois; mais il ne lui restait plus que les traits saillants, les contours, en un mot le squelette d'une physionomie dont l'ensemble indiquait une grande finesse, beaucoup de grâce dans le jeu des yeux, où se retrouvait l'expression particulière aux femmes de l'ancienne cour et que rien ne saurait définir. Ces traits si fins, si déliés, pouvaient tout aussi bien dénoter des sentiments mauvais, faire supposer l'astuce et la ruse féminines à un haut degré de perversité, que révéler les délicatesses d'une belle âme. En effet, le visage de la femme a cela d'embarrassant pour les observateurs vulgaires, que la différence entre la fran-

chise et la duplicité, entre le génie de l'intrigue et
le génie du cœur, y est imperceptible. L'homme
doué d'une vue pénétrante devine ces nuances
insaisissables que produisent une ligne plus ou
moins courbe, une fossette plus ou moins creuse,
une saillie plus ou moins bombée ou proéminente.
L'appréciation de ces diagnostics est tout entière
dans le domaine de l'intuition, qui peut seule faire
découvrir ce que chacun est intéressé à cacher. Il
en était du visage de cette vieille dame comme de
l'appartement qu'elle habitait : il semblait aussi
difficile de savoir si cette misère couvrait des vices
ou une haute probité, que de reconnaître si la
mère d'Adélaïde était une ancienne coquette habi-
tuée à tout peser, à tout calculer, à tout vendre,
ou une femme aimante, pleine de noblesse et d'ai-
mables qualités. Mais, à l'âge de Schinner, le premier mouvement du cœur est de croire au bien.
Aussi, en contemplant le front noble et presque
dédaigneux d'Adélaïde, en regardant ses yeux
pleins d'âme et de pensées, respira-t-il, pour ainsi
dire, les suaves et modestes parfums de la vertu.
Au milieu de la conversation, il saisit l'occasion
de parler des portraits en général, pour avoir le
droit d'examiner l'effroyable pastel dont toutes les
teintes avaient pâli, et dont la poussière était en
grande partie tombée.

« Vous tenez sans doute à cette peinture en

faveur de la ressemblance, mesdames? car le dessin en est horrible, dit-il en regardant Adélaïde.

— Elle a été faite à Calcutta, en grande hâte, » répondit la mère d'une voix émue.

Elle contempla l'esquisse informe avec cet abandon profond que donnent les souvenirs de bonheur quand ils se réveillent et tombent sur le cœur, comme une bienfaisante rosée aux fraîches impressions de laquelle on aime à s'abandonner; mais il y eut aussi dans l'expression du visage de la vieille dame les vestiges d'un deuil éternel. Le peintre voulut du moins interpréter ainsi l'attitude et la physionomie de sa voisine, près de laquelle il vint alors s'asseoir.

« Madame, dit-il, encore un peu de temps, et les couleurs de ce pastel auront disparu, le portrait n'existera plus que dans votre mémoire. Là où vous verrez une figure qui vous est chère, les autres ne pourront plus rien apercevoir. Voulez-vous me permettre de transporter cette ressemblance sur la toile? elle y sera plus solidement fixée qu'elle ne l'est sur ce papier. Accordez-moi, en faveur de notre voisinage, le plaisir de vous rendre ce service. Il se rencontre des heures pendant lesquelles un artiste aime à se délasser de ses grandes compositions par des travaux d'une portée moins élevée; ce sera donc

pour moi une distraction que de refaire cette
tête. »

La vieille dame tressaillit en entendant ces paroles, et Adélaïde jeta sur le peintre un de ces regards recueillis qui semblent être un jet de l'âme.
Hippolyte voulait appartenir à ses deux voisines
par quelque lien, et conquérir le droit de se mêler
à leur vie. Son offre, en s'adressant aux plus vives
affections du cœur, était la seule qu'il lui fût possible de faire : elle contentait sa fierté d'artiste, et
n'avait rien de blessant pour les deux dames. Madame Leseigneur accepta sans empressement ni re-
gret, mais avec cette conscience des grandes âmes,
qui savent l'étendue des liens que nouent de sem-
blables obligations, et qui en font un magnifique
éloge, une preuve d'estime.

« Il me semble, dit le peintre, que cet uniforme
est celui d'un officier de marine?

— Oui, dit-elle, c'est celui des capitaines de
vaisseau. M. de Rouville, mon mari, est mort à
Batavia des suites d'une blessure reçue dans un
combat contre un vaisseau anglais qui le rencontra sur les côtes d'Asie. Il montait une frégate de
cinquante-six canons, et le *Revenge* était un vaisseau de quatre-vingt-seize. La lutte fut très-inégale ;
mais il se défendit si courageusement qu'il la main-
tint jusqu'à la nuit et put échapper. Quand je re-
vins en France, Bonaparte n'avait pas encore le

pouvoir, et l'on me refusa une pension. Lorsque, dernièrement, je la sollicitai de nouveau, le ministre me dit avec dureté que, si le baron de Rouville eût émigré, je l'aurais conservé; qu'il serait sans doute aujourd'hui contre-amiral; enfin, Son Excellence finit par m'opposer je ne sais quelle loi sur les déchéances. Je n'ai fait cette démarche, à laquelle des amis m'avaient poussée, que pour ma pauvre Adélaïde. J'ai toujours eu de la répugnance à tendre la main au nom d'une douleur qui ôte à une femme sa voix et ses forces. Je n'aime pas cette évaluation pécuniaire d'un sang irréparablement versé.

— Ma mère, ce sujet de conversation vous fait toujours mal. »

Sur ce mot d'Adélaïde, la baronne Leseigneur de Rouville inclina la tête et garda le silence.

— Monsieur, dit la jeune fille à Hippolyte, je croyais que les travaux des peintres étaient en général peu bruyants? »

A cette question, Schinner se prit à rougir en se souvenant de son tapage. Adélaïde n'acheva pas et lui sauva quelque mensonge en se levant tout à coup au bruit d'une voiture qui s'arrêtait à la porte : elle alla dans sa chambre, d'où elle revint aussitôt en tenant deux flambeaux dorés garnis de bougies entamées qu'elle alluma promptement; et, sans attendre le tintement de la sonnette, elle ouvrit la porte de la première pièce où elle laissa la lampe. Le bruit d'un baiser reçu et donné retentit jusque dans le cœur d'Hippolyte. L'impatience que le jeune homme eut de voir celui qui traitait si familièrement Adélaïde ne fut pas promptement satisfaite, les arrivants eurent avec la jeune fille une conversation à voix basse qu'il trouva bien longue. Enfin Mlle de Rouville reparut suivie de deux hommes dont le costume, la physionomie et l'aspect sont toute une histoire. Agé d'environ soixante ans, le premier portait un de ces habits inventés, je crois, pour Louis XVIII alors régnant, et dans lesquels le problème vestimental le plus difficile fut résolu par un tailleur qui devrait être immortel. Cet artiste connaissait, à coup sûr, l'art des transitions, qui fut tout le génie de ce temps si politiquement mobile. N'est-ce pas un bien rare mérite que de savoir juger son époque? Cet habit, que les jeunes gens d'aujourd'hui peuvent prendre pour une fable, n'était ni civil ni militaire, et pouvait passer tour à tour pour militaire et pour civil. Des fleurs de lis brodées ornaient les retroussis des deux pans de derrière. Les boutons dorés étaient également fleurdelisés. Sur les épaules, deux attentes vides demandaient des épaulettes inutiles. Ces deux symptômes de milice étaient là comme une pétition sans apostille. Chez le vieillard, la boutonnière de cet habit en drap bleu de roi était fleurie de plusieurs rubans. Il tenait sans doute toujours à la main son tricorne garni d'une ganse d'or; car les ailes neigeuses de ses cheveux poudrés n'offraient pas trace de la pression du chapeau. Il semblait ne pas avoir plus de cinquante ans, et paraissait jouir d'une santé robuste. Tout en accusant le caractère loyal et franc des vieux émigrés, sa physionomie dénotait aussi les mœurs libertines et faciles, les passions gaies et l'insouciance de ces mousquetaires, jadis si célèbres dans les fastes de la galanterie. Ses gestes, son allure, ses manières annonçaient qu'il ne voulait se corriger ni de son royalisme, ni de sa religion, ni de ses amours.

Une figure vraiment fantastique suivait ce prétentieux *voltigeur de Louis XIV* (tel fut le sobriquet donné par les bonapartistes à ces nobles restes de la monarchie); mais pour la bien peindre il faudrait en faire l'objet principal du tableau où elle n'est qu'un accessoire. Figurez-vous un personnage sec et maigre, vêtu comme l'était le premier, mais n'en étant pour ainsi dire que le reflet, ou l'ombre, si vous voulez. L'habit, neuf chez l'un, se trouvait vieux et flétri chez l'autre. La poudre des cheveux semblait moins blanche chez le second, l'or des fleurs de lis moins éclatant, les attentes de l'épaulette plus désespérées et plus recroquevillées, l'intelligence plus faible, la vie plus avancée vers le terme fatal que chez le premier. Enfin, il réalisait ce mot de Rivarol sur Champcenetz : « C'est mon clair de lune. » Il n'était que le double de l'autre, le double pâle et pauvre, car il se trouvait entre eux toute la différence qui existe entre la première et la dernière épreuve d'une lithographie. Ce vieillard muet fut un mystère pour le peintre, et resta constamment un mystère. Le chevalier, il était chevalier, ne parla pas, et personne ne lui parla. Était-ce un ami, un parent pauvre, un homme qui restait près du vieux galant comme une demoiselle de compagnie près d'une vieille femme? Tenait-il le milieu entre le chien, le perroquet et l'ami? Avait-il sauvé la fortune ou seulement la vie de son bienfaiteur? Était-ce le Trim d'un autre capitaine Tobie? Ailleurs, comme chez la baronne de Rouville, il excitait toujours la curiosité sans jamais la satisfaire. Qui pouvait, sous la Restauration, se rappeler l'attachement qui liait avant la Révolution ce chevalier à la femme de son ami, morte depuis vingt ans?

Le personnage qui paraissait être le plus neuf de ces deux débris s'avança galamment vers la baronne de Rouville, lui baisa la main, et s'assit auprès d'elle. L'autre salua et se mit près de son type, à une distance représentée par deux chaises. Adélaïde vint appuyer ses coudes sur le dossier du fauteuil occupé par le vieux gentilhomme, en imitant, sans le savoir, la pose que Guérin a donnée à la sœur de Didon dans son célèbre tableau. Quoique la familiarité du gentilhomme fût celle d'un père, pour le moment ses libertés parurent déplaire à la jeune fille.

« Eh bien! tu me boudes? dit-il. Puis, il jeta sur Schinner un de ces regards obliques pleins de finesse et de ruse, regards diplomatiques dont l'expression trahissait la prudente inquiétude, la curiosité polie des gens bien élevés qui semblent demander en voyant un inconnu : Est-il des nôtres?

— Vous voyez notre voisin, lui dit la vieille dame en lui montrant Hippolyte. Monsieur est un peintre célèbre dont le nom doit être connu de vous, malgré votre insouciance pour les arts. »

Le gentilhomme reconnut la malice de sa vieille amie dans l'omission du nom, et salua le jeune homme.

« Certes, dit-il, j'ai beaucoup entendu parler de ses tableaux au dernier salon. Le talent a de beaux priviléges, monsieur, ajouta-t-il en regardant le ruban rouge de l'artiste. Cette distinction, qu'il nous faut acquérir au prix de notre sang et de longs services, vous l'obtenez jeunes; mais toutes les gloires sont frères, » ajouta-t-il en portant les mains à sa croix de Saint-Louis.

Hippolyte balbutia quelques paroles de remercîment, et rentra dans son silence, se contentant

d'admirer avec un enthousiasme croissant la belle
tête de jeune fille par laquelle il était charmé.
Bientôt il s'oublia dans cette contemplation, sans
plus songer à la misère profonde du logis. Pour lui,
le visage d'Adélaïde se détachait sur une atmo-
sphère lumineuse. Il répondit brièvement aux questions qui lui furent adressées et qu'il entendit heureusement, grâce à une singulière faculté de notre
âme, dont la pensée peut en quelque sorte se dé-
doubler parfois. A qui n'est-il pas arrivé de rester
plongé dans une méditation voluptueuse ou triste,
d'en écouter la voix en soi-même, et d'assister à une
conversation ou à une lecture? Admirable dualisme
qui souvent aide à prendre les ennuyeux en pa-
tience! Féconde et riante, l'espérance lui versa
mille pensées de bonheur, et il ne voulut plus rien
observer autour de lui. Enfant plein de confiance,
il lui parut honteux d'analyser un plaisir. Après un
certain laps de temps, il s'aperçut que la vieille
dame et sa fille jouaient avec le vieux gentilhomme.
Quant au satellite de celui-ci, fidèle à son état d'ombre, il se tenait debout derrière son ami, dont le jeu
le préoccupait, répondant aux muettes questions
que lui faisait le joueur par de petites grimaces
approbatives qui répétaient les mouvements inter-
rogateurs de l'autre physionomie.

« Du Halga, je perds toujours, disait le gentilhomme.

« — Vous écartez mal, répondait la baronne de Rouville.

— Voilà trois mois que je n'ai pas pu vous gagner une seule partie, reprit-il.

— Monsieur le comte a-t-il les as? demanda la vieille dame.

— Oui. Encore un marqué, dit-il.

— Voulez-vous que je vous conseille? disait Adélaïde.

— Non, non, reste devant moi. Ventre-de-biche! ce serait trop perdre que de ne pas t'avoir en face. »

Enfin la partie finit. Le gentilhomme tira sa bourse, et jetant deux louis sur le tapis, non sans humeur : « Quarante francs, juste comme de l'or, dit-il. Et diantre! il est onze heures.

— Il est onze heures, » répéta le personnage muet en regardant le peintre.

Le jeune homme, entendant cette parole un peu plus distinctement que toutes les autres, pensa qu'il était temps de se retirer. Rentrant alors dans le monde des idées vulgaires, il trouva quelques lieux communs pour prendre la parole, salua la baronne, sa fille, les deux inconnus, et sortit en proie aux premières félicités de l'amour vrai, sans chercher à s'analyser les petits événements de cette soirée.

Le lendemain, le jeune peintre éprouva le désir

le plus violent de revoir Adélaïde. S'il avait écouté sa passion, il serait entré chez ses voisines dès six heures du matin, en arrivant à son atelier. Il eut cependant encore assez de raison pour attendre jusqu'à l'après-midi. Mais aussitôt qu'il crut pouvoir se présenter chez Mme de Rouville, il descendit, sonna, non sans quelques larges battements de cœur; et, rougissant comme une jeune fille, il demanda timidement le portrait du baron de Rouville à mademoiselle Leseigneur qui était venue lui ouvrir.

« Mais entrez, » lui dit Adélaïde, qui l'avait sans doute entendu descendre de son atelier.

Le peintre la suivit, honteux, décontenancé, ne sachant rien dire, tant le bonheur le rendait stupide. Voir Adélaïde, écouter le frissonnement de sa robe, après avoir désiré pendant toute une matinée d'être près d'elle, après s'être levé cent fois en disant : « Je descends ! » et n'être pas descendu ; c'était, pour lui, vivre si richement, que de telles sensations trop prolongées lui auraient usé l'âme. Le cœur a la singulière puissance de donner un prix extraordinaire à des riens. Quelle joie n'est-ce pas pour un voyageur de recueillir un brin d'herbe, une feuille inconnue, s'il a risqué sa vie dans cette recherche? Les riens de l'amour sont ainsi. La vieille dame n'était pas dans le salon. Quand la jeune fille s'y trouva seule avec le peintre, elle apporta une chaise pour avoir le portrait; mais, en s'apercevant qu'elle ne pouvait pas le décrocher sans mettre le pied sur la commode, elle se tourna vers Hippolyte et lui dit en rougissant : « Je ne suis pas assez grande. Voulez-vous le prendre? »

Un sentiment de pudeur, dont témoignaient l'expression de sa physionomie et l'accent de sa voix, fut le véritable motif de sa demande; et le jeune homme, la comprenant ainsi, lui jeta un de ces regards intelligents qui sont le plus doux langage de l'amour. En voyant que le peintre l'avait devinée, Adélaïde baissa les yeux par un mouvement de fierté dont le secret appartient aux vierges. Ne trouvant pas un mot à dire, et presque intimidé, le peintre prit alors le tableau, l'examina gravement en le mettant au jour près de la fenêtre, et s'en alla sans dire autre chose à Mlle Leseigneur que : « Je vous le rendrai bientôt. » Tous deux, pendant ce rapide instant, ressentirent une de ces commotions vives dont les effets dans l'âme peuvent se comparer à ceux que produit une pierre jetée au fond d'un lac. Les réflexions les plus douces naissent et se succèdent, indéfinissables, multipliées, sans but, agitant le cœur comme les rides circulaires qui plissent longtemps l'onde en partant du point où la pierre est tombée. Hippolyte revint dans son atelier, armé de ce por-

trait. Déjà son chevalet avait été garni d'une toile,
une palette chargée de couleurs; les pinceaux
étaient nettoyés, la place et le jour choisis. Aussi,
jusqu'à l'heure du dîner, travailla-t-il au portrait
avec cette ardeur que les artistes mettent à leurs
caprices. Il revint le soir même chez la baronne de
Rouville, et y resta depuis neuf heures jusqu'à
onze. Hormis les différents sujets de conversation,
cette soirée ressembla fort exactement à la pré-
cédente. Les deux vieillards arrivèrent à la même
heure, la même partie de piquet eut lieu, les
mêmes phrases furent dites par les joueurs, la
somme perdue par l'ami d'Adélaïde fut aussi
considérable que celle perdue la veille; seulement
Hippolyte, un peu plus hardi, osa causer avec la
jeune fille.

Huit jours se passèrent ainsi, pendant lesquels
les sentiments du peintre et ceux d'Adélaïde su-
birent ces délicieuses et lentes transformations qui
amènent les âmes à une parfaite entente. Aussi,
de jour en jour, le regard par lequel Adélaïde ac-
cueillait son ami devint-il plus intime, plus con-
fiant, plus gai, plus franc; sa voix, ses manières
eurent quelque chose de plus onctueux, de plus
familier. Tous deux riaient, causaient, se com-
muniquaient leurs pensées, parlaient d'eux-mêmes
avec la naïveté de deux enfants qui, dans l'espace
d'une journée, ont fait connaissance, comme s'ils

s'étaient vus depuis trois ans. Schinner voulut apprendre le piquet. Ignorant et novice, il fit naturellement école sur école; et, comme le vieillard, il perdait presque toutes les parties. Sans s'être encore confié leur amour, les deux amants savaient qu'ils s'appartenaient l'un à l'autre. Hippolyte se plaisait à exercer son pouvoir sur sa timide amie. Bien des concessions lui furent faites par Adélaïde, qui, craintive et dévouée, était la dupe de ces fausses bouderies que l'amant le moins habile ou la jeune fille la plus naïve inventent, et dont ils se servent sans cesse comme les enfants gâtés abusent de la puissance que leur donne l'amour de leur mère. Ainsi toute familiarité cessa promptement entre le vieux comte et Adélaïde. La jeune fille comprit les tristesses du peintre et les pensées cachées dans les plis de son front, dans l'accent brusque du peu de mots qu'il prononçait, lorsque le vieillard baisait sans façon les mains ou le cou d'Adélaïde. De son côté, Mlle Leseigneur demanda bientôt à son amoureux un compte sévère de ses moindres actions, elle était si malheureuse, si inquiète quand Hippolyte ne venait pas; elle savait si bien le gronder de ses absences, que le peintre dut renoncer à voir ses amis et hanter le monde. Adélaïde laissa percer la jalousie naturelle aux femmes en apprenant que parfois, en sortant de chez Mme de Rouville, à onze heures, le peintre faisait encore des visites et parcourait les salons les plus brillants de Paris. Selon elle ce genre de vie était mauvais pour la santé; puis, avec cette conviction profonde à laquelle l'accent, le geste et le regard d'une personne aimée donnent tant de pouvoir, elle prétendit « qu'un homme obligé de prodiguer à plusieurs femmes à la fois son temps et les grâces de son esprit ne pouvait pas être l'objet d'une affection bien vive. » Le peintre fut donc amené, autant par le despotisme de la passion que par les exigences d'une jeune fille aimante, à ne vivre que dans ce petit appartement où tout lui plaisait. Enfin, jamais amour ne fut ni plus pur ni plus ardent. De part et d'autre, la même foi, la même délicatesse firent croître cette passion sans le secours de ces sacrifices par lesquels beaucoup de gens cherchent à se prouver leur amour. Entre eux il existait un échange continuel de sensations si douces, qu'ils ne savaient lequel des deux donnait ou recevait le plus. Un penchant involontaire rendait l'union de leurs âmes toujours plus étroite. Le progrès de ce sentiment vrai fut si rapide que, deux mois après l'accident auquel le peintre avait dû le bonheur de connaître Adélaïde, leur vie était devenue une même vie. Dès le matin, la jeune fille, entendant le pas du peintre, pouvait se dire : « Il est là ! » Quand Hippolyte retournait chez sa mère à l'heure du dîner, il ne manquait jamais de venir saluer ses voisines ; et le soir il accourait, à l'heure accoutumée, avec une ponctualité d'amoureux. Ainsi, la femme la plus tyrannique et la plus ambitieuse en amour n'aurait pu faire le plus léger reproche au jeune peintre. Aussi Adélaïde savourait-elle un bonheur sans mélange et sans bornes en voyant se réaliser dans toute son étendue l'idéal qu'il est si naturel de rêver à son âge. Le vieux gentilhomme venait moins souvent ; le jaloux Hippolyte l'avait remplacé le soir, au tapis vert, dans son malheur constant au jeu. Cependant, au milieu de son bonheur, en songeant à la désastreuse situation de Mme de Rouville, car il avait acquis plus d'une preuve de sa détresse, il fut saisi par une pensée importune. Déjà plusieurs fois il s'était dit en rentrant chez lui : « Comment ! vingt francs tous les soirs ? » Et il n'osait s'avouer à lui-même d'odieux soupçons. Il employa deux mois à faire le portrait, et, quand il fut fini, verni, encadré, il le regarda comme un de ses meilleurs ouvrages. Mme la baronne de Rouville ne lui en avait plus parlé. Était-ce insouciance ou fierté ? Le peintre ne voulut pas s'expliquer ce silence. Il complota joyeusement avec Adélaïde de mettre le portrait en place pendant une absence de Mme de Rouville. Un jour donc, durant la promenade que sa mère faisait ordinairement aux Tuileries, Adélaïde monta seule, pour la première fois, à l'atelier d'Hippolyte, sous prétexte de voir le portrait dans le jour favorable sous lequel il avait été peint. Elle demeura muette et immobile, en proie à une contemplation délicieuse où se fondaient en un seul tous les sentiments de la femme. Ne se résument-ils pas tous dans une admiration sans limites pour l'homme aimé? Lorsque le peintre, inquiet de ce silence, se pencha pour voir la jeune fille, elle lui tendit la main, sans pouvoir dire un mot; mais deux larmes étaient tombées de ses yeux. Hippolyte prit cette main, la couvrit de baisers, et, pendant un moment, ils se regardèrent en silence, voulant tous deux s'avouer leur amour et ne l'osant pas. Le peintre garda la main d'Adélaïde dans les siennes, une même chaleur et un même mouvement leur apprirent alors que leurs cœurs battaient aussi fort l'un que l'autre. Trop émue, la jeune fille s'éloigna doucement d'Hippolyte, et dit, en lui jetant un regard plein de naïveté : « Vous allez rendre ma mère bien heureuse !

— Quoi! votre mère seulement? demanda-t-il.

— Oh! moi, je le suis trop. »

Le peintre baissa la tête et resta silencieux, effrayé de la violence des sentiments que l'accent de cette phrase réveilla dans son cœur. Comprenant alors tous les deux le danger de cette situation, ils descendirent et mirent le portrait à sa place. Hippolyte dîna pour la première fois avec la baronne qui, dans son attendrissement et tout en pleurs, voulut l'embrasser. Le soir, le vieil émigré, ancien camarade du baron de Rouville, fit à ses deux amies une visite pour leur apprendre qu'il venait d'être nommé vice-amiral. Ses navigations terrestres à travers l'Allemagne et la Russie lui avaient été comptées comme des campagnes navales. A l'aspect du portrait, il serra cordialement la main du peintre; et s'écria : « Ma foi! quoique ma vieille carcasse ne vaille pas la peine d'être conservée, je donnerais bien cinq cents pistoles pour me voir aussi ressemblant que l'est mon vieux Rouville. »

A cette proposition, la baronne regarda son ami, et sourit en laissant éclater sur son visage les marques d'une soudaine reconnaissance. Hippolyte crut deviner que le vieil amiral voulait lui offrir le prix des deux portraits en payant le sien. Sa fierté d'artiste, tout autant que sa jalousie peut-être, s'offensa de cette pensée, et il répondit : « Monsieur, si je peignais le portrait, je n'aurais pas fait celui-ci. »

L'amiral se mordit les lèvres et se mit à jouer. Le peintre resta près d'Adélaïde, qui lui proposa six rois de piquet : il accepta. Tout en jouant, il observa chez Mme de Rouville une ardeur pour le jeu qui le surprit. Jamais cette vieille baronne n'avait encore manifesté un désir si ardent pour le gain, ni un plaisir si vif en palpant les pièces d'or du gentilhomme. Pendant la soirée, de mauvais soupçons vinrent troubler le bonheur d'Hippolyte, et lui donnèrent de la méfiance. Mme de Rouville vivrait-elle donc du jeu? Ne jouait-elle pas en ce moment pour acquitter quelque dette, ou poussée par quelque nécessité? Peut-être n'avait-elle pas payé son loyer. Ce vieillard paraissait être assez fin pour ne pas se laisser impunément prendre son argent. Quel intérêt l'attirait dans cette maison pauvre, lui riche? Pourquoi jadis si familier près d'Adélaïde, avait-il renoncé à des privautés acquises et dues peut-être? Ces réflexions involontaires l'excitèrent à examiner avec une nouvelle attention le vieillard et la baronne, dont les airs d'intelligence et certains regards obliques qu'ils jetaient sur Adélaïde et sur lui le mécontentèrent. « Me tromperait-on? » fut pour Hippolyte une dernière idée, horrible, flétrissante, à laquelle il crut précisément assez pour en être torturé. Il voulut rester après le départ des deux vieillards pour confirmer ses soupçons ou pour les dissiper. Il tira sa bourse afin de payer Adélaïde; mais, emporté par ses pensées poignantes, il la mit sur la table, tomba dans une rêverie qui dura peu; puis, honteux de son silence, il se leva, répondit à une interrogation banale de Mme de Rouville, et vint près

d'elle pour, tout en causant, mieux scruter ce
vieux visage. Il sortit en proie à mille incertitudes.
Après avoir descendu quelques marches, il rentra
pour prendre sa bourse oubliée.

« Je vous ai laissé ma bourse, dit-il à la jeune
fille.

— Non, répondit-elle en rougissant.

— Je la croyais là, » répondit-il en montrant la
table de jeu. Honteux pour Adélaïde et pour la baronne de ne pas l'y voir, il les regarda d'un air hé-
bété qui les fit rire, pâlit et reprit en tâtant son
gilet : « Je me suis trompé, je l'ai sans doute. »
Dans l'un des côtés de cette bourse, il y avait
quinze louis, et, dans l'autre, quelque menue monnaie. Le vol était si flagrant, si effrontément nié,
qu'Hippolyte n'eut plus de doute sur la moralité de
ses voisines; il s'arrêta dans l'escalier, le descendit
avec peine; ses jambes tremblaient, il avait des
vertiges, il suait, il grelottait, et se trouvait hors
d'état de marcher, aux prises avec l'atroce commo-
tion causée par le renversement de toutes ses
espérances. Dès ce moment, il pêcha dans sa mémoire une foule d'observations, légères en apparence, mais qui corroboraient ses affreux soupçons, et qui, en lui prouvant la réalité du dernier
fait, lui ouvrirent les yeux sur le caractère et la vie
de ces deux femmes. Avaient-elles donc attendu
que le portrait fût donné, pour voler cette bourse?

Combiné, le vol semblait encore plus odieux. Le peintre se souvint, pour son malheur, que, depuis deux ou trois soirées, Adélaïde, en paraissant examiner avec une curiosité de jeune fille le travail particulier du réseau de soie usé, vérifiait probablement l'argent contenu dans la bourse en faisant des plaisanteries innocentes en apparence, mais qui sans doute avaient pour but d'épier le moment où la somme serait assez forte pour être dérobée. « Le vieil amiral a peut-être d'excellentes raisons pour ne pas épouser Adélaïde, et alors la baronne aura tâché de me.... » A cette supposition, il s'arrêta, n'achevant pas même sa pensée, qui fut détruite par une réflexion bien juste : « Si la baronne, pensa-t-il, espère me marier avec sa fille, elles ne m'auraient pas volé. » Puis il essaya, pour ne point renoncer à ses illusions, à son amour déjà si fortement enraciné, de chercher quelque justification dans le hasard. « Ma bourse sera tombée à terre, se dit-il, elle sera restée sur mon fauteuil. Je l'ai peut-être, je suis si distrait ! » Il se fouilla par des mouvements rapides, et ne retrouva pas la maudite bourse. Sa mémoire cruelle lui retraçait par instants la fatale vérité. Il voyait distinctement sa bourse étalée sur le tapis ; mais, ne doutant plus du vol, il excusait alors Adélaïde en se disant que l'on ne devait pas juger si promptement les malheureux. Il y avait sans doute un secret dans cette action en apparence si dégradante. Il ne voulait pas que cette fière et noble figure fût un mensonge. Cependant cet appartement si misérable lui apparut dénué des poésies de l'amour, qui embellit tout : il le vit sale et flétri, le considéra comme la représentation d'une vie intérieure sans noblesse, inoccupée, vicieuse. Nos sentiments ne sont-ils pas, pour ainsi dire, écrits sur les choses qui nous entourent? Le lendemain matin, il se leva sans avoir dormi. La douleur du cœur, cette grave maladie morale, avait fait en lui d'énormes progrès. Perdre un bonheur rêvé, renoncer à tout un avenir, est une souffrance plus aiguë que celle causée par la ruine d'une félicité ressentie, quelque complète qu'elle ait été : l'espérance n'est-elle pas meilleure que le souvenir? Les méditations dans lesquelles tombe tout à coup notre âme sont alors comme une mer sans rivage, au sein de laquelle nous pouvons nager pendant un moment, mais où il faut que notre amour se noie et périsse. Et c'est une affreuse mort. Les sentiments ne sont-ils pas la partie la plus brillante de notre vie? De cette mort partielle viennent, chez certaines organisations délicates ou fortes, les grands ravages produits par les désenchantements, par les espérances et les passions trompées. Il en fut ainsi du jeune peintre. Il sortit de grand matin, alla se promener sous les frais ombrages des Tuileries, absorbé par ses idées, oubliant tout dans le monde. Là, par hasard, il rencontra un de ses amis les plus intimes, un camarade de collége et d'atelier, avec lequel il avait vécu mieux qu'on ne vit avec un frère.

« Eh bien, Hippolyte, qu'as-tu donc? lui dit François Souchet, jeune sculpteur qui venait de remporter le grand prix et devait partir pour l'Italie.

— Je suis très-malheureux, répondit gravement Hippolyte.

— Il n'y a qu'une affaire de cœur qui puisse te chagriner. Argent, gloire, considération, rien ne te manque. »

Insensiblement, les confidences commencèrent, et le peintre avoua son amour. Au moment où il parla de la rue de Suresne et d'une jeune personne logée à un quatrième étage : « Halte-là! s'écria gaiement Souchet. C'est une petite fille que je viens voir tous les matins à l'Assomption, et à laquelle je fais la cour. Mais, mon cher, nous la connaissons tous. Sa mère est une baronne! Est-ce que tu crois aux baronnes logées au quatrième? Brrr. Ah! bien, tu es un homme de l'âge d'or. Nous voyons ici, dans cette allée, la vieille mère tous les jours; mais elle a une figure, une tournure qui disent tout. Comment! tu n'as pas deviné ce qu'elle est à la manière dont elle tient son sac? »

Les deux amis se promenèrent longtemps, et plusieurs jeunes gens qui connaissaient Souchet ou Schinner se joignirent à eux. L'aventure du peintre, jugée comme de peu d'importance, leur fut racontée par le sculpteur.

« Et lui aussi, disait-il, a vu cette petite ! »

Ce furent des observations, des rires, des moqueries, innocentes et empreintes de la gaieté familière aux artistes, mais qui firent souffrir Hippolyte horriblement. Une certaine pudeur d'âme le mettait mal à l'aise en voyant le secret de son cœur traité si légèrement, sa passion déchirée, mise en lambeaux, une jeune fille inconnue, et dont la vie paraissait si modeste, sujette à des jugements vrais ou faux, portés avec tant d'insouciance. Il affecta d'être mû par un esprit de contradiction, il demanda sérieusement à chacun les preuves de ses assertions, et les plaisanteries recommencèrent.

« Mais, mon cher ami, as-tu vu le châle de la baronne ? disait Souchet.

— As-tu suivi la petite quand elle trotte le matin à l'Assomption ? disait Joseph Bridau, jeune rapin de l'atelier de Gros.

— Ah ! la mère a, entre autres vertus, une certaine robe grise que je regarde comme un type, dit Bixiou, le faiseur de caricatures.

— Écoute, Hippolyte, reprit le sculpteur, viens ici vers quatre heures, et analyse un peu la marche de la mère et de la fille. Si, après, tu as des doutes, eh bien, l'on ne fera jamais rien de toi : tu seras capable d'épouser la fille de ta portière. »

En proie aux sentiments les plus contraires, le peintre quitta ses amis. Adélaïde et sa mère lui semblaient devoir être au-dessus de ces accusations, et il éprouvait, au fond de son cœur, le remords d'avoir soupçonné la pureté de cette jeune fille, si belle et si simple. Il vint à son atelier, passa devant la porte de l'appartement où était Adélaïde, et sentit en lui-même une douleur de cœur à laquelle nul homme ne se trompe. Il aimait Mlle de Rouville si passionnément que, malgré le vol de la bourse, il l'adorait encore. Son amour était celui du chevalier des Grieux admirant et purifiant sa maîtresse jusque sur la charrette qui mène en prison les femmes perdues. « Pourquoi mon amour ne la rendrait-il pas la plus pure de toutes les femmes? Pourquoi l'abandonner au mal et au vice, sans lui tendre une main amie? » Cette mission lui plut. L'amour fait son profit de tout. Rien ne séduit plus un jeune homme que de jouer le rôle d'un bon génie auprès d'une femme. Il y a je ne sais quoi de romanesque dans cette entreprise, qui sied aux âmes exaltées. N'est-ce pas le dévouement le plus étendu, sous la forme la plus élevée, la plus gracieuse? N'y a-t-il pas quelque grandeur à savoir que l'on aime assez pour aimer encore là où l'amour des autres s'éteint et meurt? Hippolyte s'assit dans son atelier, contempla son tableau sans y rien faire, n'en voyant les figures qu'à travers quelques larmes qui lui roulaient dans les yeux, tenant toujours sa brosse à la main, s'avançant vers la toile comme pour adoucir une teinte, et n'y touchant pas. La nuit le surprit dans cette attitude. Réveillé de sa rêverie par l'obscurité, il descendit, rencontra le vieil amiral dans l'escalier, lui jeta un regard sombre en le saluant, et s'enfuit. Il avait eu l'intention d'entrer chez ses voisines, mais l'aspect du protecteur d'Adélaïde lui glaça le cœur et fit évanouir sa résolution. Il se demanda pour la centième fois quel intérêt pouvait amener ce vieil homme à bonnes fortunes, riche de quatre-vingt mille livres de rente, dans ce quatrième étage où il perdait environ quarante francs tous les soirs; et cet intérêt, il crut le deviner. Le lendemain et les jours suivants, Hippolyte se jeta dans le travail pour tâcher de combattre sa passion par l'entraînement des idées et par la fougue de la conception. Il réussit à demi. L'étude le consola, sans parvenir cependant à étouffer les souvenirs de tant d'heures caressantes passées auprès d'Adélaïde. Un soir, en quittant son atelier, il trouva la porte de l'appartement des deux dames entr'ouverte. Une personne y était debout, dans l'embrasure de la fenêtre. La disposition de la porte et de l'escalier ne permettait pas au peintre de passer sans voir Adélaïde : il la salua froidement en lui lançant un regard plein d'indifférence; mais, jugeant des souffrances de cette jeune fille par les siennes, il eut un tressaillement intérieur en songeant à l'amertume que ce regard et cette froideur devaient jeter dans un cœur aimant. Couronner les plus douces fêtes qui aient jamais réjoui deux âmes pures par un dédain de huit jours, et par le mépris le plus profond, le plus entier!... affreux dénoûment! Peut-être la bourse était-elle retrouvée, et peut-être, chaque soir, Adélaïde avait-elle attendu son ami? Cette pensée si simple, si naturelle, fit éprouver de nouveaux remords à l'amant; il se demanda si les preuves d'attachement que la jeune fille lui avait données, si les ravissantes causeries empreintes d'un amour qui l'avait charmé ne méritaient pas au moins une enquête, ne valaient pas une justification. Honteux d'avoir résisté pendant une semaine aux vœux de son cœur, et se trouvant presque criminel de ce combat, il vint le soir même chez Mme de Rouville. Tous ses soupçons, toutes ses pensées mauvaises s'évanouirent à l'aspect de la jeune fille pâle et maigrie.

« Eh, bon Dieu! qu'avez-vous donc? » lui dit-il, après avoir salué la baronne.

Adélaïde ne lui répondit rien, mais elle lui jeta

un regard plein de mélancolie, un regard triste, découragé, qui lui fit mal.

« Vous avez sans doute beaucoup travaillé, dit la vieille dame, vous êtes changé. Nous sommes la cause de votre réclusion. Ce portrait aura retardé quelques tableaux importants pour votre réputation. »

Hippolyte fut heureux de trouver une si bonne excuse à son impolitesse.

« Oui, dit-il, j'ai été fort occupé, mais j'ai souffert... »

A ces mots, Adélaïde leva la tête, regarda son amant, et ses yeux inquiets ne lui reprochèrent plus rien.

« Vous nous avez donc supposées bien indifférentes à ce qui peut vous arriver d'heureux ou de malheureux? dit la vieille dame.

— J'ai eu tort, reprit-il. Cependant il est de ces peines que l'on ne saurait confier à qui que ce soit, même à un sentiment moins jeune que ne l'est celui dont vous m'honorez....

— La sincérité, la force de l'amitié ne doivent pas se mesurer d'après le temps. J'ai vu de vieux amis ne pas se donner une larme dans le malheur, dit la baronne en hochant la tête.

— Mais qu'avez-vous donc? demanda le jeune homme à Adélaïde.

— Oh! rien, répondit la baronne. Adélaïde a

passé quelques nuits pour achever un ouvrage de femme, et n'a pas voulu m'écouter lorsque je lui disais qu'un jour de plus ou de moins importait peu.... »

Hippolyte n'écoutait pas. En voyant ces deux figures si nobles, si calmes, il rougissait de ses soupçons, et attribuait la perte de sa bourse à quelque hasard inconnu. Cette soirée fut délicieuse pour lui, et peut-être aussi pour elle. Il y a de ces secrets que les âmes jeunes entendent si bien! Adélaïde devinait les pensées d'Hippolyte. Sans vouloir avouer ses torts, le peintre les reconnaissait; il revenait à sa maîtresse, plus aimant, plus affectueux, en essayant ainsi d'acheter un pardon tacite. Adélaïde savourait des joies si parfaites, si douces, qu'elles ne lui semblaient pas trop payées par tout le malheur qui avait si cruellement froissé son âme. L'accord si vrai de leurs cœurs, cette entente pleine de magie, fut néanmoins troublée par un mot de la baronne de Rouville.

« Faisons-nous notre partie? dit-elle, car mon vieux Kergarouët me tient rigueur. »

Cette phrase réveilla toutes les craintes du jeune peintre, qui rougit en regardant la mère d'Adélaïde; mais il ne vit sur ce visage que l'expression d'une bonhomie sans fausseté : nulle arrière-pensée n'en détruisait le charme, la finesse n'en était point perfide, la malice en semblait douce, et nul

remords n'en altérait le calme. Il se mit alors à la
table de jeu. Adélaïde voulut partager le sort du
peintre, en prétendant qu'il ne connaissait pas le
piquet et avait besoin d'un partner. Mme de Rouville et sa fille se firent, pendant la partie, des signes d'intelligence qui inquiétèrent d'autant plus
Hippolyte qu'il gagnait; mais, à la fin, un dernier
coup rendit les deux amants débiteurs de la baronne. En voulant chercher de la monnaie dans
son gousset, le peintre retira ses mains de dessus
la table, et vit alors devant lui une bourse qu'Adélaïde y avait glissée sans qu'il s'en aperçût; la pauvre enfant tenait l'ancienne, et s'occupait par contenance à y chercher de l'argent pour payer sa
mère. Tout le sang d'Hippolyte afflua si vivement à
son cœur qu'il faillit perdre connaissance. La
bourse neuve substituée à la sienne, et qui contenait ses quinze louis, était brodée en perles d'or.
Les coulants, les glands, tout attestait le bon goût
d'Adélaïde, qui sans doute avait épuisé son pécule
aux ornements de ce charmant ouvrage. Il était
impossible de dire avec plus de finesse que le don
du peintre ne pouvait être récompensé que par un
témoignage de tendresse. Quand Hippolyte, ac-
cablé de bonheur, tourna les yeux sur Adélaïde
et sur la baronne, il les vit tremblant de plaisir et heureuses de cette aimable supercherie. Il
se trouva petit, mesquin, niais; il aurait voulu

pouvoir se punir, se déchirer le cœur. Quelques larmes lui vinrent aux yeux, il se leva par un mouvement irrésistible, prit Adélaïde dans ses bras, la serra contre son cœur, lui ravit un baiser; puis avec une bonne foi d'artiste : « Je vous la demande pour femme! » s'écria-t-il en regardant la baronne.

Adélaïde jetait sur le peintre des yeux à demi courroucés, et Mme de Rouville, un peu étonnée, cherchait une réponse, quand cette scène fut interrompue par le bruit de la sonnette. Le vieux vice-amiral apparut suivi de son ombre et de Mme Schinner. Après avoir deviné la cause des chagrins que son fils essayait vainement de lui cacher, la mère d'Hippolyte avait pris des renseignements auprès de quelques-uns de ses amis sur Adélaïde. Justement alarmée des calomnies qui pesaient sur cette jeune fille à l'insu du comte de Kergarouët, dont le nom lui fut dit par la portière, elle était allée les conter au vice-amiral, qui, dans sa colère « voulait, disait-il, couper les oreilles à ces bélîtres. » Animé par son courroux, l'amiral avait appris à Mme Schinner le secret des pertes volontaires qu'il faisait au jeu, puisque la fierté de la baronne ne lui laissait que cet ingénieux moyen de la secourir.

Lorsque Mme Schinner eut salué Mme de Rouville, celle-ci regarda le comte de Kergarouët, le chevalier du Halga, l'ancien ami de la feue comtesse de Kergarouët, Hippolyte, Adélaïde, et dit avec la grâce du cœur : « Il paraît que nous sommes en famille, ce soir. »

Paris, mai 1832.

Imprimerie de Ch. Lahure (ancienne maison Crapelet)
rue de Vaugirard, 9, près de l'Odéon.

BIBLIOTHÈQUE
DES CHEMINS DE FER

PUBLIÉE

par L. HACHETTE et Cⁱᵉ, rue Pierre-Sarrazin, nº 14, à Paris.

Les volumes qui composent cette bibliothèque se vendent dans les principales gares des chemins de fer et chez les principaux libraires.

La Bibliothèque des chemins de fer se composera d'environ cinq cents volumes; soixante volumes ont déjà paru, et plus de deux cents ouvrages sont sous presse ou en cours d'exécution.

Cette collection est spécialement destinée aux voyageurs. Occuper agréablement leurs loisirs forcés pendant le trajet, leur fournir des renseignements exacts et complets sur tout ce qui peut les intéresser en route et dans les lieux où ils séjournent; les AMUSER HONNÊTEMENT et leur ÊTRE UTILE, voilà sa double devise.

Les nombreux volumes qui formeront cette importante collection seront rédigés exprès, ou tirés des meilleurs auteurs français et étrangers, anciens et modernes. Chacun d'eux sera indépendant de tous les autres, et pourra être acheté isolément. Ils seront tous imprimés dans un format portatif et commode, en caractères très-lisibles, même pour les yeux les plus délicats. Le voyageur les placera facilement dans sa poche ou dans son sac de voyage. Pour lui éviter tout embarras, les feuilles seront coupées d'avance.

Le prix de chaque ouvrage sera indiqué sur la couverture.

La Bibliothèque des chemins de fer se divise en sept séries :

1º GUIDES DES VOYAGEURS.

Cette série comprendra : 1º des *Guides-itinéraires* descriptifs et historiques pour toutes les lignes de chemins de fer; 2º des *Guides-cicerone* à l'usage des voyageurs en France et dans les pays étrangers; 3º des *Guides-interprètes* pour la conversation, ou Dialogues en anglais, en allemand, en italien, en espagnol, etc.; 4º des *Guides-indicateurs* où l'on trouvera pour toutes les lignes, l'heure des départs et des arrivées des convois, les correspondances avec les stations, le prix des transports, etc.

2° HISTOIRE ET VOYAGES.

Les faits les plus importants, les personnages les plus célèbres de l'antiquité et des temps modernes, deviendront le sujet d'autant de récits et de biographies. La réunion de ces volumes formera comme une galerie de tableaux où tous les grands hommes et tous les grands événements seront représentés sous leur aspect le plus dramatique.

Les Voyages fourniront un certain nombre de volumes. On explorera toutes les contrées du monde ; et les pays les plus sauvages de l'Afrique et de l'Océanie, aussi bien que l'Italie, la Suisse, le Levant, seront tour à tour visités. Quelques voyages, dont le cadre sera fictif, mais dont tous les détails seront exacts, prendront place dans cette série.

3° LITTÉRATURE FRANÇAISE.

Romans, pièces de théâtre, contes, poésies, œuvres légères et sérieuses : ici, le seul embarras sera de choisir. Les auteurs contemporains seront mis à contribution aussi bien que les auteurs classiques.

4° LITTÉRATURES ANCIENNES ET ÉTRANGÈRES.

La Bibliothèque des chemins de fer comprendra la traduction de quelques-uns des chefs-d'œuvre de l'antiquité. Les littératures anglaise, allemande, italienne, espagnole, russe et suédoise fourniront un certain nombre de romans, de contes et de récits dont plusieurs n'ont point encore été traduits.

5° AGRICULTURE, INDUSTRIE ET COMMERCE.

Cette série sera consacrée à de petits livres, destinés à propager les bonnes méthodes de culture, les découvertes et les innovations utiles. Toutes les questions qui ont de l'actualité, comme le drainage, les maladies des végétaux, les chemins de fer, l'industrie séricicole, etc., seront traitées par les hommes les plus compétents.

6° LIVRES POUR LES ENFANTS.

Les enfants auront leurs livres : livres amusants où ils trouveront beaucoup d'images. Ces petits voyageurs, que la route ennuie lorsqu'elle est longue, seront ainsi tranquillement occupés, et ne fatigueront ni leurs parents, ni leurs compagnons de voyage.

7° OUVRAGES DIVERS.

Il est certains ouvrages qu'il serait difficile de classer dans les séries qui précèdent ; ainsi dans quelle catégorie placer un livre sur la sorcellerie, sur le magnétisme, sur la chasse, un livre sur la pêche, sur le *Turf* et les haras ? Sous le titre d'*Ouvrages divers*, les livres de cette nature seront rangés dans cette septième série, qui, par l'extrême variété qu'elle présentera, ne sera pas la moins intéressante.

VOLUMES PUBLIÉS OU PRÊTS A PARAITRE
au 1er Août 1853.

I. GUIDES DES VOYAGEURS.
(Couleur rouge.)

GUIDES-ITINÉRAIRES.

Itinéraire de Paris à Bruxelles (*E. Guinot*)..............   »   »

Itinéraire de Paris au Havre (*J. Janin*)....................   2 fr.

Petit itinéraire de Paris au Havre, extrait du précédent........ 1 fr.

Itinéraire de Rouen au Havre (*J. Janin*)............... 1 fr. 50 c.

Itinéraire de Paris à Rouen..   50 c.

Itinéraire de Paris à Dieppe (*J. Janin*)................   2 fr.

Itinéraire de Paris à la Loupe (*A. Moutié*)............... 2 fr. 50

GUIDES-CICERONE.

Enghien et Montmorency....   50 c.

Londres..............   2 fr. 50

Le Parc et les grandes eaux de Versailles...................   50 c.

Mantes, son histoire et ses environs (*Moutié*)...........   1 fr. 75 c.

GUIDES-INTERPRÈTES.

L'interprète anglais-français, pour Londres (*Fleming*). ...   2 fr. 50

L'interprète français-anglais, pour Paris (*Fleming*)...............   »

2. HISTOIRE ET VOYAGES.
(Couleur verte.)

HISTOIRE.

La Jacquerie.. ....   1 fr.

Jeanne d'Arc (*Michelet*)...   1 fr. 50

Louis XI et Charles le Téméraire (*Michelet*)............   1 fr. 50

François 1er et sa Cour......   2 fr.

La Saint-Barthélemy........   1 fr.

Assassinat du maréchal d'Ancre. 75 c.

Le Cardinal Richelieu (*H. Corne*).1 f.

La Conjuration de Cinq-Mars. 60 c.

Le Cardinal Mazarin (*H. Corne*). 1 f.

Histoire d'Henriette d'Angleterre (*Mme de La Fayette*)...... 1 fr.

Louis XIV et sa Cour, *d'après les Mémoires du duc de Saint-Simon*............   2 fr. 50 c.

Le Régent et sa Cour sous la minorité de Louis XV, *d'après les Mémoires du duc de Saint-Simon.* 2 fr. 50 c.

Law, son Système et son Époque (*A. Cochut*)............   2 fr.

Deux ans à la Bastille (*Mme de Staal*)................   1 fr. 25

Campagne d'Italie (*Giguet*). 1 fr. 25

Napoléon 1er et sa Cour (*E. Marco de Saint-Hilaire*)..............   »

La Vie et la Mort de Socrate..   1 fr.

Le Cid (*de Monseignat*)....   1 fr. 50

Légende de Charles le Bon, comte de Flandre (*Raoul Galbert*)..   1 fr.

La grande Charte ou Établissement du gouvernement constitutionnel en Angleterre (*C. Rousset*, sous la direction de M. *Guizot*)...   2 fr.

Origine et Fondation des États-Unis d'Amérique (*P. Lorain*, sous la direction de M. *Guizot*).   2 fr. 50

La Conspiration de Walstein (*Sarrasin*)................ ..   60 c.

Saint Dominique et les Dominicains. (*E. Caro*)............   1 fr. 50

Saint François d'Assise et les Franciscains (*F. Morin*)....... 1 fr.

VOYAGES.

Voyage du comte de Forbin à Siam (extrait de ses Mémoires). 1 fr. 25

La Mine d'ivoire (Voyage dans les glaces de la mer du Nord)..   1 fr.

Voyage en Afrique (*Levaillant*).1 f.75

Les Émigrés français dans la Louisiane ....   1 f. 50

3. LITTÉRATURE FRANÇAISE.

(Couleur cuir.)

Arlequinades (*Florian*)... 1 fr. 50
Ernestine — Caliste — Ourika (*Mmes Riccoboni, de Charrière et de Duras*)............. 1 fr. 75
Eugénie Grandet (*de Balzac*). 2 fr. 50
Graziella (*de Lamartine*)... 1 fr. 50
La Colonie rocheloise, nouvelle extraite de l'histoire de Cléveland de l'abbé *Prévost*.......... 1 fr. 50
Paul et Virginie (*Bernardin de Saint-Pierre*)....... 1 fr. 25
Théâtre choisi de *Beaumarchais*. 2 f.
Théâtre choisi de *Lesage*. 1 f. 50 c.
Ursule Mirouët (*de Balzac*). 2 fr. 50
Zadig ou la Destinée (*Voltaire*). 1 f.

4. LITTÉRATURES ANCIENNES ET ÉTRANGÈRES.

(Couleur jaune.)

Aladdin, conte arabe..... 1 fr. 25
Contes merveilleux d'*Apulée*. 1 f. 50
Djouder le Pêcheur, conte arabe. 1 f.
La Fille du Capitaine (*A. Pouschkine*)............. 1 fr. 50
La Fille du Chirurgien, récit extrait des Chroniques de la Canongate de *Walter Scott*......... 2 fr.
La Mère du Déserteur (*id.*).. 1 fr.
Lettres choisies de lady *Montague* (écrites de la Turquie).. 1 fr. 25
Nouvelles choisies d'*Edgard Poë*. 1 f.
Nouvelles choisies de *Nicolas Gogol*................. 1 fr. 50
Tarass Boulba (*Nicolas Gogol*). 1 f. 50

5. AGRICULTURE ET INDUSTRIE.

(Couleur bleue.)

Des Maladies de la Pomme de terre, de la Betterave, du Blé et de la Vigne, avec l'indication des moyens de les combattre (*A. Payen*). 2 f. 50
Les Chemins de fer en 1853...... »
La Télégraphie électrique....... »

6. LIVRES ILLUSTRÉS POUR LES ENFANTS.

(Couleur rose.)

Choix de petits Drames et de Contes tirés de *Berquin*....... ... 2 fr.
Contes de Fées tirés de *Perrault*, de *Mme d'Aulnoy*, etc....... 2 fr.
Fables de *Fénelon*....... 1 fr. 50
Contes moraux tirés des Veillées du Château (*Mme de Genlis*). 1 fr. 75
Voyages de Gulliver à Lilliput et à Brobdingnag, édition abrégée (*Swift*)............. 1 fr. 50

7. OUVRAGES DIVERS.

(Couleur saumon.)

Anecdotes historiques et littéraires. *Brantôme*, St-Simon, etc... 1 fr.
La Sorcière (*Quandre*)... 1 fr.
Les Chasses princières en France (*E. Chapus*)............. 2 fr.
Le Turf (*E. Chapus*)........ 3 fr.
Mesmer ou le Magnétisme animal (*E. Bersot*)............. 1 fr. 50
Souvenirs de Chasse, 1re partie (*L. Viardot*)............. 1 fr. 50
Souvenirs de Chasse, 2e partie (*L. Viardot*)............. 1 fr. 50

Un grand nombre d'ouvrages sont sous presse et paraîtront successivement.

Imprimerie de Ch. Lahure (ancienne maison Crapelet)
rue de Vaugirard, 9 près de l'Odéon.

Imprimerie de Ch. Lahure (ancienne maison Crapelet)
rue de Vaugirard, 9, près de l'Odéon.